Poesías familiares y domésticas

(Una antología personal)

COLECCIÓN PRÚA

© Fermín Herrero, 2025

© Logo de la colección: Mujer con paraguas, de Avelino Fierro.
© Prólogo de Julio Llamazares, 2025
© *Editorial Difácil, 2025*
editorial.difacil@gmail.com
www.difacil.com
I.S.B.N.: 978-84-10363-05-2
Depósito Legal: VA 21-2025

Consejo editorial de la *Colección Prúa*: José Luis Argüelles, José Carlos Díaz, César Iglesias, Pedro Luis Menéndez y Juan Muñiz.

Imprime: Imedisa

Impreso en España

FERMÍN HERRERO

Poesías familiares y domésticas

(Una antología personal)

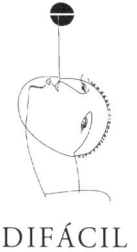

DIFÁCIL

BAJANDO EL PUERTO DE ONCALA

Pocos lectores conocerán Ausejo de la Sierra, localidad enclavada en la falda del puerto de Oncala, en la provincia de Soria, hoy apenas habitada por media docena de personas como la mayoría de las que la rodean, pero les aseguro que es un lugar poético y no solo por su belleza paisajística. Lo dijo alguien: los paisajes no existen hasta que los poetas o los pintores los colonizan, y en el caso de Ausejo de la Sierra esa colonización le viene de dentro, de un poeta que, amén de haber nacido en la aldea, es para mí uno de los poetas mejores de cuantos escriben hoy en España y en Europa. Aunque, como su lugar natal, no sea todo lo conocido que debiera, lo cual no sé si no refrenda mi afirmación.

En esta antología, el colonizador involuntario de Ausejo de la Sierra y de la carretera que sube a Oncala y a Tierras Altas, de donde bajó su madre para fundar una familia junto con el hombre que subía a festejarla en bicicleta, el poeta Fermín Herrero, ha querido ofrecernos a sus lectores los poemas que considera más íntimos (familiares los denomina él) y, aunque no lo llegue a decir, más humildes, y que para mí son precisamente los más emocionantes y universales de toda su producción, al menos de la que yo conozco, que es casi toda. Desde el poema que a mi entender resume todos los demás poemas, ese retrato de la madre que es casi una pincelada de acuarela —(*Pasados hace mucho los setenta, con una hernia/ discal que nunca se operó, mi madre/ está cavando el huerto. La recuerdo/ siempre así, sin parar, desviéndose/ por nosotros, sus manos de penuria inquietud/ día y noche, la abnegación echada al hombro hasta/ dejarlo todo aviado y acabar molida...*) con un quiebro final inesperado y lleno de nostálgica ironía: *Cuando puede ver el parte se hace/ cruces de lo bien que hablan los políticos*, al que dibuja a la misma madre acariciando en el cementerio con una pequeña azada las tumbas de sus padres ante la mirada silenciosa de su hijo (*Mi madre deposita/ muy despacio, con mimo, los ramos/ encima de los lomos, como si acostase/ a los abuelos con amor/ A veces caen chispas de aguanieve/ Miramos a poniente, a lo alto. Nos vamos/ Mi madre se santigua. El frío es nuestro)*—, todos los que Fermín Herrero aquí nos presenta están tocados por el don que solo los elegidos por la poesía poseen y por la emoción profunda que solamente ellos son capaces de otorgar a sus creaciones. Lean, si no, estos versos en alta voz: *Pueden contar historias, pero nada/ dicen, porque el silencio/ llena de trigo sus palabras/ A cuestas, como plomo, las talegas/ camino del somero y del invierno,/ vieron pasar la guerra en los aviones/ —hablaba en italiano, dicen—, han uncido/ la yunta con el miedo, han abierto/ despacio la cartilla, y el pan moreno,/ y han cerrado deprisa las ventanas al júbilo/ para poder cenar tranquilas/ un huevo triste y compartido/ Todo llega del cielo y concluye en la tierra,/ por donde pasa el tiempo/ con sus brazos de nieve, acunando mis lágrimas...*

Difícil no sentir el frío de la sierra y la pobreza, el amor y el calor de la lumbre familiar, el aullido del viento en el puerto cercano, la nieve festoneando de blanco alucinado al amanecer las montañas de Soria, esas a las que Fermín Herrero dedicó uno de sus primeros libros de poesía, leyendo estos poemas que crujen como la escarcha bajo las botas del niño que va aún medio dormido a la escuela o que espera al borde de la carretera, ya adolescente, el autobús que le trasladará al Instituto de la ciudad y que reinventan un mundo que ya no existe pero que palpita en el sentimiento del que lo evoca y en el de la fantasía del lector que se conmueve con esas imágenes. En la poesía de Fermín Herrero las palabras, esas palabras castellanas viejas (somero, yunta, talegas), en desuso ya pero llenas de fuerza y de sugerencia, son importantes, pero tanto o más importantes son las imágenes que construyen y que trascienden su significación. Cuando uno lee *Miro/ tras el cristal la tarde, una extensión/ sin árboles, durante largos días* lee lo que el poeta está viendo pero a la vez ve lo que él ve o, mejor, imagina. Igual que, cuando huele el «fato» de la lumbre, que «no se va de la ropa. Ni del corazón», siente ese mismo olor imborrable o, cuando escucha al pronunciarlas las palabras de un poema que es un recuerdo íntimo del poeta: *Recuerda/ quiénes fuimos, lo que nos puso/ en pie* las recibe como si se las dijeran a él, como si al imaginar la escena el lector se transformara en otro, una persona a mitad de camino entre el poeta que las escribió y él mismo.

La grandeza de la poesía de Fermín Herrero se mide, además, por otros parámetros. Fermín Herrero no necesita contarnos grandes historias como no necesita situarlas en lugares exóticos para emocionarnos; al revés: su minúscula aldea soriana, su ámbito familiar, los paisajes de una tierra que Machado colonizó poéticamente antes que él pero que siguen abiertos a otros colonizadores como demuestra la larga lista de escritores que hemos sucumbido al hechizo de esa tierra que parece flotar en la irrealidad siendo pura geología e historia, le bastan para contar el mundo, su mundo propio poético y el de todos sus lectores unidos en una emoción común. Esas petunias que miran tras el cristal «a la sierra entera», ese «sabor a manzanas verdes, casi maduras, que te envenena de piel y fiebre», los pantalones cortos, «da luna del armario donde empezaste a conquistar tu cuerpo», los caminos de piedras por los que un hombre arrea la yunta de vacas (*En el campo un hombre no es nada, ni siquiera/ de cerca*), el tímido solitario que «repasaba a Tartarín de Tarascón con pinturas Alpino», lo plácido del atardecer cuando las palabras nos silencian, «lo que se quedó en los lavaderos cuando se iban los pastores de la sierra triste y oscura», los caños con verdín, «el territorio donde impera el frío, sus caminos vecinales», la mies en el rocío de la mañana («o los primeros versos en un papel de estraza, temblorosos de emoción clandestina»), *no hacer de nada patria y menos aún/ de lo que quieres*, el cierzo que «traspasa la frente al atardecer», «das siete puertas sucesivas del silencio, lo que aprende la nieve mientras vacía el río», todo ese mundo en suspenso, tan pequeño y tan infinito a la vez, es el humus del que Fermín Herrero extrae toda su emoción, el magma lírico de ese volcán que se derrama en cada uno de sus poemas produciéndonos un calambre que nos conmueve y nos serena a la vez. ¿Cómo puede conseguirlo? Ese es su gran secreto, el misterio que ni el propio Fermín Herrero conoce porque, como todos los grandes poetas, es un filósofo, no un científico. Por más que sea lingüista, Fermín Herrero nunca podrá explicarnos a sus lectores de qué modo transforma las palabras en imágenes de la misma manera que tampoco podrá explicarnos por qué estas se convierten en emociones. No hacer de nada patria y menos de lo que quieres, ese consejo poético que a él le dieron y que nos da a nosotros, es la única explicación a su poesía.

Hay una historia que me vuelve de vez en cuando a la memoria, desde que me la contaron y siempre que leo a Fermín Herrero. Me la contó el hijo de uno de los protagonistas. Un grupo de peones camineros una noche en la posguerra se aventura puerto de Oncala arriba en medio de una ventisca tratando de abrir camino en la nieve a posibles viajeros y vehículos, en aquel tiempo muy pocos, como es de imaginar. Incapaces de lograrlo y a punto de congelación, vuelven sobre sus pasos buscando el valle y así llegan a Ausejo de la Sierra, cuyas borrosas y pobres luces les han guiado en medio de la oscuridad. Tiritando y a punto de sucumbir, entraron en la casa de Fermín Herrero, cuyos padres les socorrieron con comida y ropa y algo de orujo salvándoles la vida y dejándoles un perpetuo agradecimiento que sus hijos heredaron al conocer la historia. Cada vez que leo a Fermín Herrero me acuerdo de ella y me parece estar viendo a aquellas personas, los peones camineros y sus padres, de los que el poeta heredó el misterio de la nieve, que es el de la poesía y la vida. Lo cuenta él mismo en un poema de este libro (*Entonces pienso que mi infancia son/ los cazadores en la nieve de Brueghel/ el Viejo. O, más a ras de aldea, gaseosas,/ pan con vino y azúcar/ la sangre perenne/ en las rodillas…*) que termina con un verso muy triste: *El cierzo ha socarrado los sembrados/ y todo se perdió*. Pese a lo cual el poeta vuelve una y otra vez a su casa buscando las órdenes de sus antepasados, como el portugués Miguel Torga le respondió a un periodista que le preguntó si lo hacía buscando la inspiración. Esos antepasados que vagan por sus poemas como los fantasmas de los peones camineros entre la nieve de Oncala a la búsqueda de su destino, que es el de todos: *Vuelvo siempre a la casa, yedra/ por las paredes, donde la muerte/ espera. Siempre vuelvo desnudo y solo,/ con la tristeza encima, con otras voces, con otros labios/ que a resistir me emplazan. Muchos años atrás, miedo/ bajo la lluvia, al comenzar el curso, la cartera/ repleta de temores, la ciudad, mientras llegaba el coche/ de línea, entendí repentinamente. Detrás/ del miedo viene la nostalgia, brotan simas,/ cavidades que nunca cauterizan y ahondan/ con los años su terca quemazón./ Crecen, de su brocal oscuro, estig-*

10

mas/ donde incuba la fiebre sus desgarros, regreso/ tras regreso, derrota tras derrota.
Para añadir lapidariamente antes de cerrar la puerta y regresar a la realidad: *Cómo comprendo al fin sus ojos, su precaución/ de pobre* (del poema *La madre*).

Este libro de Fermín Herrero, selección, según él, de sus poesías más humildes (familiares o domésticas tanto da), es por eso la mejor manera de entrar de lleno en la poesía de un poeta que pasará a la historia.

Julio Llamazares

I

VESTIDO de domingo, mi padre subía
en bici el puerto, con amor, venidero.
Mi madre lo esperaba. Es mi primer recuerdo
y eso que yo no había nacido. Y tardaría.

SECRETAMENTE
tuyo, con un temblor
de letra parvulita.

Así imagino
que acababa la carta.
Y empezasteis a hablar.

GERMINAL

En el latido solo que la mano
administra, se abren las puertas de la tierra.
Con grito de perfil, el día irrumpe
hasta mis ojos, largamente mecidos
en el vientre encorvado sobre espigas rebeldes,
o de rodillas ya, sobre el cansancio
de los muslos, cuando el tremor creciente,
en vaivén, de las hoces y el sol del mediodía
aplastan los riñones. Mientras afuera
nieva y su manto sigiloso
se extiende, con la noche, por las cuadras.
Pasa el tiempo. En arrullos de cristal,
tejados blancos y crepita el fuego,
en derredor mujeres enlutadas evocan,
ausentes, su primer parto, la espalda
fría y cierta inquietud entre las brasas.
Y son manos distintas, de yugo y vertedera,
con temor a romperme, las que me acercan
hasta el surco, porque vienen del surco,
y van hacia la tierra porque son de la tierra.
Pueden contar historias, pero nada
dicen, porque el silencio
llena de trigo sus palabras.

A cuestas, como plomo, las talegas
camino del somero y del invierno,
vieron pasar la guerra en los aviones
—hablaba en italiano, dicen—, han uncido
la yunta con el miedo, han abierto
despacio la cartilla, y el pan moreno,
y han cerrado deprisa las ventanas al júbilo
para poder cenar tranquilas
un huevo triste y compartido.
Todo llega del cielo y concluye en la tierra,
por donde pasa el tiempo
con sus brazos de nieve, acunando mis lágrimas.

EN CASA DE LOS PADRES

DE MI NIÑEZ, en el ventano del desván,
la luz de la mañana donde trinaba
el pájaro, aquel pájaro para siempre
en los álamos. Limpio el cielo y azul,
qué azul después del aguacero. Desde
su claridad presiento que un día me iré,
sin irme, que estaría conforme a su sustancia
si, de regreso, oyese al mismo
pájaro orilla del sendero que va
a morir en el camposanto.

EN CASA de la madre la pérdida
del tacto no es posible. Miro
tras el cristal la tarde, una extensión
sin árboles, durante largos días.

Probablemente sea falsa esta luz
de otoño que me arrulla,
me retiene a resguardo
en la casa redonda y con embozo, porque

con frecuencia un sabor a manzanas
verdes, casi maduras, me envenena
de piel y fiebre. Siento
sus brasas a escondidas, una lengua
sobre mi sexo inquieto. Miro

tras el cristal, durante largos
años. Sus manos me protegen.

INVERNADERO

Cuatro petunias a la sierra entera
desde la inmóvil rada del cristal donde anclaron
tus sueños su vigilia redil. Te vas quedando
solo, como la tarde, con las horas, y nadie
acude a tu silencio de tramoya ilegible.
Es la nada en el humo de los montes,
soliloquio del cisco, la paciencia del tiempo
que tú perdiste hace años. Y ahora la recuerdas.
Ahora, cuando ya es tarde para sedimentar
el frío con palabras que aviven su rescoldo,
cuando se enquista la memoria en falso
pues, cuanto más ahonda, menos llega a tejer
la lucidez que oculta. Y no alcanzar la certidumbre
conservando las huellas, los pantalones cortos,
el pudor y la hombría, la luna del armario
aquel donde empezaste a conquistar tu cuerpo,
aún disminuido en su perplejidad al tacto.
Si fuera suficiente recurrir a la luz
repentina violando el paladar de la penumbra...,
pero es imprescindible urdir su escalofrío
turbiamente viscoso, deshecho entre la niebla
que sólo filtra un sol embalsamado.

SOBRE LA COMPAÑÍA

En casa había gatos que pasaban
las nieves en ovillo con sefardí dulzura
y un punto de obediencia en las miradas.
Luego supe del disimulo, se contentaban
con lumbres y tocino, puritanos,
siempre dispuestos a estirar el lomo
a la menor caricia. Tenían sus caprichos,
es cierto, mas de andar por casa:
el olor del menudo y el pescado, cojines
donde afilar las uñas. Eran
como nosotros, tercos, como todo en la infancia.
Pero algo distinto, inexplicable, les sucedía
al llegar las violetas, se abandonaban a callejear
sin rumbo frecuentando la indiferencia
salvo después de las comidas. Eran
sólo los síntomas, más tarde se enzarzaban
en disputas primero vecinales, al cabo
colectivas. De pronto, se esfumaban sin dejar
rastro alguno. Pasado el tiempo, solía verlos
en los pueblos de al lado o a la orilla de los ríos,
al pronunciar su nombre huían esquivos,
erizados. Volvían por noviembre y yo les perdonaba
su ingratitud sin comprenderla. Ahora,

que entiendo en propia carne sus razones,
me vence el egoísmo, sin embargo,
tras cada cuerpo que traduzco y pierdo.

ENTONCES pienso que mi infancia son
los cazadores en la nieve de Brueghel
el Viejo. O, más a ras de aldea, gaseosas,
pan con vino y azúcar, la sangre perenne
en las rodillas. Y aun el diente encima
del trinchero, el oído en el cuerno
del pastor, la humareda en la estufa
de la escuela, la quina, anginas, ganglios
y más ganglios. Y siempre, al levantarme,
comanches en la loma, ya estoy bueno, según
dicen, el cierzo ha socarrado los sembrados
y todo se perdió.

EL FATO de la lumbre no se va
de la ropa. Ni del corazón.
Lo encoge. Y eso basta para
que alguien, secándose las manos
en el delantal, note aquel
escalofrío en los riñones, aquel
trajinar como una condenada
y sin conocimiento. Y fueros sus años
mejores, qué castigo, no habrá ya
ilusión, salud, nieves de las de entonces.

AGRADECIDA COMO SUS GERANIOS

Qué labia tienes, hijo, nunca pensé
que llegaras a hablar tanto y en un lenguaje
tan raro. Y no te apeas del burro
ni para atrás. Hubiera preferido que vistieras
como dios manda, porque las apariencias abren
muchas puertas. En fin, los años
te enseñarán a no sacar los pies del tiesto.

IMAGEN DEL PADRE

En el campo un hombre no es nada, ni siquiera
de cerca. Y, sin embargo, al aire del atardecer,
se me figura ahora en lo que mis ojos guardan
de los suyos. Se agranda. Por caminos de piedras
parece que lo estoy viendo mientras arrea la yunta
y, después, en la cuadra, echándoles la cadena
al cuello, harina y paja de revuelto. Parece
que lo estoy viendo propiamente y qué pupilas
tan indefensas, cuánta mies, agua que se derrama
mientras parte la hogaza o abre la reja el surco.

LA MADRE

Es mi madre. Me está mirando con temor
por algo que no le entra en la cabeza, aquel
querer y no poder, aquel echar por tierra
lo del día anterior —ya no me acuerdo
apenas, tan pendiente estaba entonces
de una llamada o de una cara. Ni dar
ni recibir ahora, sólo esperar, aprender
lo cálido a cubierto, ver la alegría
sin tenerla, quedarse en la mudez. Cómo
comprendo al fin sus ojos, su precaución de pobre.

ESTADO DE BIENESTAR

Pasados hace mucho los setenta, con una hernia
discal que nunca se operó, mi madre
está cavando el huerto. La recuerdo
siempre así, sin parar, desviviéndose
por nosotros, sus manos de penuria inquietud
día y noche, la abnegación echada al hombro hasta
dejarlo todo aviado y acabar molida: frota
que te frota ordeñando, acarreando; frota
que te frota barriendo, fregando, vareando
en la era la lana de los colchones, haciendo aulagas
para prender la lumbre y caldear la casa... Siempre
así, sudando como una descosida, sin dar abasto
y pese a todo —igual que el resto de las esclavas
de posguerra— no tiene derecho
a pensión. Cuando puede ver el parte se hace
cruces de lo bien que hablan los políticos.

GENEROSIDAD DEL AUSTERO

Deben ser pocas las palabras, es difícil
vaciarse a borbotones sin menoscabo
de tu honradez agrícola. Aunque apenas fuiste
a la escuela descifras el secreto
del grano y la labor, sabes que el pan
sólo se gana íntegro en los años
malos, con las palabras justas.

EL RETOÑO

Con lo bien que intentaron criarlo, sus padres
no pudieron imaginar ni —como diría acaso
el pasmarote— en sus peores pesadillas que aquel
perillán que se atrincheraba en las cuadras
para no ir a la escuela iba a salirles, a pesar
de su celo, escritor, escorándose incluso a poeta
—más bien aspirante— sin alcanzar siquiera titulación
de mérito, después de haberse sacrificado para
darle estudios. Y que, por mor de ese jobi
—más bien desviación—, ya sin enmienda, llegara a hurgar
en sus vidas, noviazgo incluido, a recordarles
el pan moreno, el hambre de posguerra, los sacos
hacia el sobrado, el trillo, los estraperlistas,
en fin, los años de la cáscara amarga. Quién iba
a decirles que el tímido solitario que repasaba
Tartarín de Tarascón con pinturas alpino diera
en malandrín y desertor del arado en lugar
del hombre de posibles que esperaran. En sus peores
pesadillas retorna el estupor de una llamada
telefónica —que en verdad no entendieron—
comunicándoles el fallo de una flor natural.
La primera.

LA CASA mira a la montaña, enfrente está
rompiendo la chopera. Es en lo plácido
del atardecer cuando las palabras
remontan, nos silencian. Vienes
con cuatro huevos del corral, dos
en cada mano. Llenas aún de tordos
las cornisas. En cuanto empieza abril florece
el ciruelo. La placidez. La ventana da
a la sierra. La placidez. Hemos pasado otro invierno.

COMO SI aún oyeses el crujido
cuando partía el pan y sus manos
duras de segar estuviesen
repartiendo los corruscos. Recuerda
quiénes fuimos, lo que nos puso
en pie. De lo contrario caerás
como acostumbras por no ser
menos que nadie, te pondrás
en evidencia por un minuto de fortuna,
de fama o de ridículo, tanto da.

MNEMÓSINE

Viene febrero —y la nostalgia—, trae su cacho de miga
revenido, al calor de la lumbre, aplicando a fondo
el plato. O adobando en la artesa, arriñonado, para
el avío. Viene afilando mi horror a las pocilgas con piedra
de molino, estigma el olor del ganado —que no se va por mucho
que te laves y eso que nunca aprendí a ordeñarlas—, durmiendo
encima, al calor del establo. Qué tiempos los de entonces, cuando
aún nevaba. Si puedo detenerlos os veo en la penumbra, al alba
tras la yunta. Pero cada invierno os arrugáis un poco
más y acaso sea mejor así. No hacer de nada patria. Viene
con media y celemín, con caldo y cuarterón, berberechos,
    tronchando
las acacias, esmochándolas. Tengo su significado. Lo que se quedó
en los lavaderos cuando se iban los pastores de la sierra
triste y oscura. Lo tengo colgado como cerdo al oreo. Si puedo
detener el tiempo viene a por su sed a los caños con verdín
o a coger nidos, con una turbación que temblaba
el misterio: y entonces se acabó lo que se daba. Se van
marchando de la sierra triste y callada. Os veo ahora
en la penumbra —cada invierno nos arrugamos un poco
más. Noches de parto, en vela, apartando con la gayata
los lechones, para que la madre no los aplastara al tumbarse
o se los comiera. No hacer de nada patria y menos aún

de lo que quieres. Ya se van hacia la majada, más de cuatro zagalas quedan llorando. Qué tiempos, los peores, qué jasca la matanza —hasta tirria me daba—, el menudo, el gancho al cuello. Cuando la flor se abre está perdida. Y es mejor así, sin duda.

SIDERAL O LAS HUELLAS

De aquellas horas, de la fiebre minúscula
creciendo en un silencio imperativo, de los fragmentos
que en el aire hilvanaban su asombro
—y era un disgregarse sin retorno hacia la nada—
retengo el territorio donde impera
el frío, sus caminos vecinales, las ruinas
de molinos fantasma de posguerra, en las noches
sin luna su calor animal y la harina a cencerros tapados,
el olor de la mies despierta
en el rocío —o los primeros versos en un papel
de estraza, temblorosos de emoción clandestina.
Del mar sólo venían los arenques para los días
señalados y ciertamente había que rezar
para sentirse bien porque aquello podía ser
pecado, como todo lo furtivo.
Anduve luego hasta ensanchar los márgenes,
sin convicción alguna, mirando para recordar
las noches de verano, aquel silencio y solo
desde la oscuridad acorde de los grillos,
la llamada confusa del espacio, como un túnel
habitable y un agolparse de los muertos,
extraña conjunción que me persigue.

EL QUE LLEGABA entonces, traía
el miedo de las horas lejos, rotundamente
armario recobraba el olor
a membrillos en cada gesto que perdiera,
el parte de las tres unido al cisco
del brasero. Traía bombonas de butano
en los balcones, otro frío, muñecas hinchables,
los miembros en muñón de los maniquíes,
los platos combinados, nada
que no fuese comercio y ruina. Era
en los veranos, dalias bajo un sol
en bruto, las pupilas amarillo rastrojo que todo
lo quemaban. Veía, sin embargo,
pasar la muerte por las cosas, por los cuerpos.
Le entraron ganas de marcharse y no volver,
no obstante, decidió fingir
tendiendo largos puentes de madera.

QUÉ SOLAS, esta tarde, las acacias, qué tristes
sin vosotros, que las plantasteis. Un cierzo
que traspasa la frente al oscurecer, recuerdo
las seis gallinas que tratabais a cuerpo
de rey y antes de que anochezca estáis
también cerrando los polluelos o vigilando
con una vara a la cochina para que no se coma
las raideras. Pendientes siempre, sobre todo
de mí, que en el farsante favor del mundo renegaba
de aquella voluntad tan pobre, tan honesta.

EN EL CORRAL, uncir las vacas, fría
la noche. Escucho. En la cocina
la lumbre hace humo, bondad,
morriña. Escucho. Así os recupero.

LA CASA DE ARENA

Vuelvo siempre a la casa, yedra
por las paredes, donde la muerte
espera. Siempre vuelvo desnudo y solo,
con la tristeza encima, con otras voces, con otros labios
que a resistir me emplazan. Muchos años atrás, miedo
bajo la lluvia, al comenzar el curso, la cartera
repleta de temores, la ciudad, mientras llegaba el coche
de línea, entendí repentinamente. Detrás
del miedo viene la nostalgia, brotan simas,
cavidades que nunca cauterizan y ahondan
con los años su terca quemazón.
Crecen, de su brocal oscuro, estigmas
donde incuba la fiebre sus desgarros, regreso
tras regreso, derrota tras derrota.
Y sin embargo hubo aquí campanas
en la tarde, jardines a medida y horizontes.
Hubo olor a trigal recién segado, sabor
a pulpa lenta entre los dientes párvulos,
escotes ofrecidos sobre el río, carmín
de súbito en las risas, revelaciones,
fuente a la sed y brisa a la chopera.
Vuelvo desnudo y solo. Han tomado
de nuevo los lampazos el corral,

pero esta vez no iré hasta el viejo gallinero
para librar al dalle de sus telarañas.
Muchos años tardé en asumirlos, hoy,
de repente, he sentido, como aquella mañana
de aguaceros, un golpe sin respuesta:
que la casa es de arena y no me pertenece
su ruina. Es tarde, demasiado tarde siempre
y de la vida, qué recuerdos
hoy, después del granizo, qué ciclón
de hojarasca y de humo, testamento las huellas,
qué tobogán de rostros, qué silencio e inmóvil,
como si nadie hubiera pasado por nosotros.

DEMÉTER

Nada se oye. Ya no recuerdo el trigo. Necesito las siete
puertas sucesivas del silencio, lo que aprende la nieve
al respecto mientras vacía el río, el árbol. Si puedo
detener el tiempo con parsimonia agraria, si puedo
derrotarlo sin recurrir al futuro ni abandonarme
a la corrupción del olvido, si puedo, estoy. Huele
la habitación a retama recién traída —ahora me levanta
lo que decae— de la sierra. Te prolonga, porque
el desprendimiento garantiza que la raíz busca
el sueño. Tus manos. La mirada ni muestra ni arraiga, sería
falso compararla con el trigo y no obstante si puedo
detener el tiempo, si puedo, estoy. Donde puse los labios
duele lo que fue: la casa al pie de la carretera, la humedad
de la ropa al levantarse, el vaho del aliento. Al menos
el frío es de los pobres, aún. Tus manos. La raíz busca
el sueño, el placer en el reposo, en la nada. Ya no
recuerdo el trigo, no soy ni el trigo ni el arado, soy
la tierra sin cultivar, la aspereza. Puedo ser otros. Invierno
en Charleville: el niño Eluard, el funcionario Guillevic, el juez
Follain que venía de París, los curas y la escritura automática
o luego el mismo, las travesías por la arena, la amante
abisinia. La oscuridad. Tus manos. Miro afuera y tan sólo
veo mi rostro en el cristal, cada vez menos expresivo. Nada

se oye. La retama te prolonga, qué sabe, sin embargo,
la flor del fruto. Tu ausencia. Ya no recuerdo
el trigo. Nada se oye, todo, travesías, los misterios
de Eleusis. Y el silencio, ¿es antes o después?

ÍTACA

El horizonte no es posible, aunque no vuelva en meses,
permanezco. En cuanto llego, rescato mi aspereza al tacto
de las calizas, del terruño, de mi materia. Retorno, rescato
lo pequeño, donde puse los labios, donde luego olvidé
o creo que olvidé, pues en un todavía se apura —melancolía
de los lieder— y sigue hasta donde lo lleven una y otra vez
las palabras. Ni siquiera necesito mirar para ver, tengo
el significado así me centre o me disperse. De hecho, puedo
dispersarme: el humo de la sierra, los últimos
cisqueros, estos olmos, la melancolía. Y aunque lo haga
duele lo que fue, lo único que será, lo que no
se pudre. Y en esta tierra sin nadie son largos —patetismo
de los lieder— los inviernos, no se mueven. El horizonte
en la casa del padre no es posible así sea la canción de Mahler
o el viaje de Schubert —y no, no soy un joven decepcionado
de la vida, ni del amor. Ni joven. Aunque me marche,
permanezco, me escucho sólo aquí, siempre
con el invierno a las espaldas. No me muevo, no
lo necesito, el frío es largo, me tiene. Por eso
me repito: no hacer de nada patria, no hacer
de nada patria, aceptar sin cántico el regreso
porque, aunque me vaya, no es posible el horizonte.

DE QUÉ LE VALE a un hombre haber arrinconado
sus pesares, pedirle cuentas a la congoja para
salvaguardar su regocijo, hacer ceniza de cualquier
deseo, en fin, tirar de la niñez hasta volverse
boca, palabra, canto, poner en cada cosa
los ojos de chiquillo, verter su asombro. De qué
le sirve si al salir de casa estuvo a punto
de pisar tres gurriatos caídos del tejado, todavía
en chichotas, latiendo, despanzurrados contra
el suelo. Y oye el canto de la perdiz. Y se pregunta.

LO QUE NO DIJO EL QUE SE FUE

Se han hecho ya mayores, de repente, apenas
me imagino sus ojos cuando festejaban. Me están
mirando desde la terraza con un amor
que no merezco, se les juntan, lo intuyo,
las lágrimas, que evitan la mesura
y la templanza, cosas, en fin, de castellanos
viejos. Puesto que no heredé vuestra paciencia
ni aquella austeridad de a perra gorda —el frío
que pasasteis, cartillas de racionamiento, manteca
y orinales— que hablaba de los muertos
en el frente, quizá debiera, al marcharme,
aporcar algo a vuestras arrugas, a los achaques
que os fueron consumiendo. Llevarme al menos
remolinos de espigas decapitadas
por el nublado y el dolor de la vida
en los pueblos, deciros que al enseñarme
pobreza y humildad lo supe todo. Y ser
capaz —pero no puedo— de expresarlo.
No escribir padres sino entrega.

EN CASA PROPIA

AL ENCENDER la chimenea vuelvo
a los fríos del pueblo con un calor
que entonces nunca imaginé, cuando
pensaba que librándome de ellos me saldría
de mí. Qué equivocado estaba. Ahora
,sé que todo es ceniza, que lo mejor
es caldearse donde uno pueda, a merced
del momento. Y que siempre se va por donde
se vino, porque nunca se sabe cuándo
nos calentamos de verdad, ni dónde.

APROPIACIÓN INDEBIDA

Quién llegará con animales torpes, sin otra
compañía que la piel del camino —tan
alto contraluz tras sus huellas. Una fría
ciudad y un hombre en la ventana, dónde
empieza el sueño. Y dónde termina. Quién
con tu vestido blanco donde
rompía el mar y era como tu cuerpo. Sabemos
poco, casi nada, del que respira
al lado. Nadie diga que atenaza
la vida en cada gesto, nadie diga
que acaba en lunes siempre, nadie. Y
ha de ser, a pesar de todo, como tu cuerpo.

BANDAS DE DESLIZAMIENTO

Hablo de alguien parecido a mí asiduamente,
tanto que de cercano me torna indeciso
—taché incluso semejante. Es como la trama
de carburos que ella maneja en el sillón,
empuja hacia los bordes de grano. Noto
el deslizamiento, una fragilidad
que escapa al tacto por las costuras del olvido.
Mientras, duramos en los mismos trueques,
pues repetimos los recursos, un esbozo
de sonrisa, vaciar los ceniceros, suspender
los ojos. Alguien, cómo saberlo, advierte
que está atardeciendo —y la escasez de luz y el tiempo
nos asedian. Apenas salimos ya. A temporadas
temo que me suplante, dependo en exceso
de sus fobias, pisar el barro en las veredas.
Sin embargo, afirmarse cuesta poco, intuir
la textura cambiante del acero y guarecerse
en sus urdimbres, apilar las carpetas en el suelo
y olvidarse de todo, de uno mismo, en las horas
que los cuerpos igualan. Noto
el deslizamiento. Hablo de nuevo del extraño.
Nos llega el despertar de las farolas.

NIEBLA

Sin embargo, podría repetir el gesto, sus variaciones,
sin cansarme, volver a tu sigilo, indagar
tras la ventana el fondo de los campos. A la larga
los síntomas conciertan, acontecen, desdoblan,
cuando todo amanceba en la palabra, enlace,
que elide flor de piel y la anticipa. Si alguien
nos fijase diría que parecemos distraídos, él
pela una naranja con las manos, ella
se peina mientras lee, a ratos cruzan
miradas en silencio. Ahora te imagino, el pelo
sudoroso, escardando la pena, el ababol, hora
tras hora en lontananza. Y yo desde la duda,
el desamparo en los senderos. ¿Me das un gajo?
Al marcharte parcelas el prodigio. Debo
variar de nuevo los enfoques, pues tu imagen se vela
en la costumbre, distinguirte en la tos y las pisadas.
Difuso entonces, me desplomo, ensayo la fusión,
el gesto, en vano. Quién pudiera retener
el ángulo preciso, desde el pudor
gozar como la cámara en un filme
de Angelopoulos, con la profundidad de campo justa.

ESTÁ APAGADA la televisión y leo *Pioneros*
de Willa Cather: «Marie cosía o hacía
ganchillo». Al levantar la vista tú también
estás en la labor, como cada noche. Una mujer
menuda, muy sacrificada. Ahora que el pasado
no existe, como todo lo viejo o lo lento,
tu cuerpo sin descanso, lo primero
la casa limpia y apechar del mismo
modo con el trabajo. Un cestillo de mimbre,
tu vainica o tu punto de cruz, ahora que un poco
de candor es tanto, según está la vida.

ZUMBEL

Voy hasta la ventana. Vuelvo. Vuelvo sobre
todo cuanto deseo. Demasiado distante.
Voy hasta la cocina. Vuelvo, Cinco motivos
tuve y los olvidé, en un joven tan desenvuelto.
Echo de menos el cigarro. Vuelvo.
Bocanadas de jaula, y pantanoso.
Voy a mear, para pasar el rato. Vuelvo.
La brea entre las redes, a la deriva
eternamente voy y vengo, repito
un abrir y cerrar de ojos, de grifos,
de cielos lienzo y de cielos nublados.
La transparencia sólo dura, el corazón tan frío,
lo que la sal promete a la arena.

ESTOY AMANECIDO de tu cuerpo,
tan alto me has dejado, tan entero
y sin después, hasta lo más profundo,
como si encima fuese aire, y demorado;
que todo lo que diga es poco. Estoy
completo, a mi placer. Que es de admirar
que no me tenga nunca la tristeza
ni esté de lástima para saber
de mí desde que me acompaña
el rumor de tus pasos menudos,
la yema lenta de tus dedos
por mi piel. No podría haber más ternura
que la que viene cuando te desperezas;
quiere tiempo el amor y así
la hondura: haberte amado tantos días,
con sus noches. De sobra sé que cuanto
pude esperar lo tuve, si no más. Aunque
no sé cómo lo sé, ni cuánto
te quiero, todavía, en lo más nuestro,
y el verdadero amor no se dice, no se airea.

QUÉ HERMOSURA los lirios del jarrón
que trajimos, ayer, del prado. Al cortarlos
se siente uno como si profanara algo
intangible, no sé: la fina intensidad de su aroma,
las delicadas nervaduras que avivan
la pureza de los colores. Hay amarillos
—menos bellos, más breves— y morados. Da
lo mismo, al fin se secarán, en cuanto chupen
toda el agua que les echamos. No duran ni dos
días. Pero esa debería ser, es, mi eternidad.

DIGAMOS que sucede un pájaro
de pronto en tus pupilas y arriesgas
los labios,
ya sin alas, para dejarme
el vuelo en propiedad.
Y entonces tu cintura late
en mis manos —que son
raíces.
Digamos que sucede el abandono
desde el filo, en la fruta
de dentro
y si dijera amor es mientras
tanto, pero al decirte ahora
es nunca más.

NI ENCIMA ni debajo ya, así
tus ojos son los míos, se logran: son
en él los nuestros. Hemos
calado, al fin. Y al darnos, somos
en la renuncia. Sólo somos
lo suyo, ahí crecemos.

ES POR LO CÁLIDO, por dentro, sobra
la contingencia y el trajín. Medito
sobre lo alto: en cuanto ven, los niños
miran hacia la claridad, miran hacia
arriba, a lo que eleva, siguen
una cuerda de luz que se van
guardando. Adónde lleva
no lo diré, de qué me serviría.
Es un estremecer que se embelesa
al aire quieto de la tarde,
en el pudor que de lo frágil
se alza. De donde viene, no recuerdo
sino la extrañeza y, en medio
de ella, aún más extraña,
la poesía. Y está su mirada
y está su música, la que olvidé.
Es la tibieza del pequeño
al estrecharlo contra el pecho, entrando
al centro de lo débil, que es espíritu,
por lo cálido, arriba, más arriba.

AL LEVANTARSE de la siesta diaria le he dicho
que lo quería mucho, hasta las nubes, hasta
las estrellas. Y entonces con sus labios sin tacha
ha respondido, adormijado, que él hasta la casa
del tiempo y más allá. Vale por una vida
si la muerte no nos cegara. Lo ha debido de oír
en algún vídeo y después lo ha mezclado
al azar y aun así compensa tanta
miseria, tanto sufrimiento: te quiero
en la casa del tiempo y más allá.

LA LLOVIENZA es bonita, dice, con su media
lengua. Ayer: la escarcha se despierta
por la noche y se duerme con el sol.
A cada rato alguna. Cómo nos perdemos luego.

CONJUROS

Relámpago o serpiente, sombrero
de Robin Hood. Secretamente vas creciendo
en la noche y al despertarte me preguntas
de dónde viene el agua y adónde va el sonido
de las campanas. Es como si un peso
de gorriones doblara la chopera, qué decir
ante el presentimiento. Lentamente te aparto
el pelo mientras repetimos: trueno
o culebra, manzana de Guillermo Tell.

EL DILEMA DEL PODADOR

El calor tiene sus lugares. El anciano
y el niño van por la vereda, van. Sin salir
a su encuentro, los miro desde el árbol
como si no supiese quiénes son, los dejo
ir, que sean. Intento mantenerme
en la precariedad, desmochando, recobro
el pulso del verdugo. Sé que estoy
en el corte del que cercena, pero
también en el dulzor que les debo. Mi padre
lleva a mi hijo de la mano, por la vereda van.

VERSUS DISNEYLANDIA

Sin cumplir los tres años, mientras estamos
viendo en vídeo *Bambi*, va y suelta: hay un fallo,
porque, si es primavera, cómo no canta
el cuco. En la pantalla, parejas de animales
besándose, me mira, pero, aturdido, no puedo
responderle. Lo libre es la verdad, sin artificio
ni argumento impostado. Su intuición va
más allá, me descubre, el otro día me dijo
junto al río, también de sopetón: al cuco
le gusta cantar lejos, por qué se esconde.

TE ESTOY mirando mientras oímos al cuclillo
y me pregunto cuánto tardarás en renegar
de esta atención de antaño, tan pasada
de moda, de estas tardes nuevas que dan
a la niñez contigo. Saco el trozo de papel
donde garabateo tus ocurrencias: los pinos
son tan altos que casi vuelan; el llover
es bonito, me gusta mucho. Son las últimas. Te miro
mientras aguardas en suspenso otra llamada
del cuclillo. Que canta. Te miro. Nos miramos.

EL HEREDERO

No me calientes la cabeza porque
también te arrastrarás y un día has de verte
muy parecido a mí, tancredo
y póquer, escenarios tontos. Si bien
la espuma de tus labios me reconforta
y en el nombre de aquel que fui comprendo
que el viento riza el río y va a tu encuentro
y no habrá tierra suficiente para ti,
aunque no sea nunca la que te prometen.

ME ESTÁS COSIENDO el pantalón y así con tantas
cosas. A modo de disculpa, me digo que, en ocasiones,
es posible que te sostenga, según mi escasa
abnegación. En pocas, es cierto, y presumiendo. Podrías
contar y no acabar, una tras otra echármelas
en cara. Y nunca. Como mucho el cansancio
con su carga de nervios. Me pregunto qué va a ser
de nosotros, de ti. Por mi parte, aunque me ha de faltar
el tiempo, como a todos, sin estar a tu arrimo ya
no sabría qué hacer. También te tengo dentro.

LA FLOR de la maranta es de un violeta
timidez
casi imperceptible, sólo el tallo en curva
que se elevó de pronto contra
la costumbre de la ventana nos hizo
descubrirla.
Si la tocas se cae, aunque
tus dedos
saben que también la nieve es tierna
y dura poco, pero trae el silencio, un puente
más allá.
La flor de la maranta es
frágil —casi un destello, un espejismo
para la sed de la memoria,
para el miedo final de tu caricia—,
como quisiera ser este
poema.

SE ACABA DE IR la luz y me he puesto
a oscuras, a escribir, con una vela.
Las manos blancas, el papel, sin amparo.
El aire está vacío y hay cierta
ingravidez que aclara y aligera,
el respeto es mayor, el temor a uno
mismo, a su pequeñez, a lo absoluto
del lugar del hallazgo. En la pared
mi sombra sacudida, lo suave; con lo suave,
la luz de una candela desde los diarios
del cogedor de acianos, mi mano que vacila.

INTERFERENCIAS: CLAUSURA

No hay atajos de regreso. Siempre
la indolencia. La casa está vacía, en la oscuridad
oigo voces que no me son ajenas, los cadáveres
recitan su experiencia de hielo y gestación
y alguno que recuerdo aún —aquel imberbe
que veneraba a Hendrix— me invoca con desprecio.
Podría descifrar en su murmullo la arena
que se escapa, los días que cubre. El arco
es la tensión y sobran dianas, imágenes
que dejan al sereno como ropa tendida:
terneras avileñas pastando entre la nieve, un pendiente
de muérdago, frutales fusilados en palmeta. Así
te malogras, le dicen, con tus cuatro palabras que una
y otra vez retienes, mides, su espuma de reliquias.
En la impaciencia huyen, a las puertas
del fruto, del dolor, sabios en su cautela,
y, mientras llamo a sus heridas por mi nombre,
me voy quedando solo entre las sombras,
pues antes del poema está la nada y después
el vacío.

CONVIVENCIA Y CONCIENCIA

La cercanía hace daño, el roce. A tu lado, de vuelta
al piso, mi maldad de ayer me carcomía, pero
todos tenemos algo que ocultar, la mayoría
mucho, seguramente demasiado. Mejor
no menearlo ahora. Mientras doblas la ropa
advierto cómo mimas las sábanas que bordaste
cuando tuvimos casa. Poner al menos
las cosas en su sitio, mostrar el daño —para qué
la culpa—, la armonía se va y de qué manera.

PARA UNA MUJER QUE AL ALBA

Tan de penumbra a veces, tan de elipsis
y de pudor en precipicio. Con la moral
por los suelos y cara de pocos amigos
casi siempre, sin levantar cabeza durante
días, cómo pretendo que comprendas
sin más que mi silencio es amor, cómo
que a cada instante me equilibras, cómo
por el rencor del tiempo el ánimo
de tu presencia y más allá cuanto me ahonda
lo mucho que te debo y que me callo.

EL DESVELADO

De madrugada te despiertas, enciendes
la radio otra vez, velando tus cadáveres
vuelves a la cocina. No hay día que se vaya
sin derrota. A pie quieto aguantas el frío
de un ardor que también perdiste. Ha empezado
a nevar con ganas, mejor, para estas noches
de claro en claro. Quién te recordará, de qué
manera te echará en falta para tomar
aliento. Acaso, alguna madrugada, alguien
se apoye en la primera cicatriz de tu memoria.

NO TE HE QUERIDO nunca como debiera, te acompaño
en la alegría y te deseo mucho y a veces
te acaricio, es verdad, con ternura, e incluso
te echo en falta a menudo, en cuanto estás
lejos o no te veo y necesito reunir a tu lado
mi silencio, que es nuestro silencio. Me encuentro
a gusto entre tus brazos, tus manías, tal
y como van las cosas. También estás en mí secreta
y aun así sé que no te he querido como tendría
que quererte, que no seré capaz de hacerlo.

EROSIÓN

Tienes las manos frías, como siempre,
y cierto aire de tristeza cuando miras
lo que hicieron los años con nosotros. Podría
adivinar en tu silencio los labios de un reproche
leve, en razón de la costumbre que nos asfixia.
Pero es tarde quizá para airear motivos
que no sean errores propios, y por tanto secretos,
—y ya no estamos para confesiones
ridículas o dramas de opereta.
Después de tanto tiempo, el deseo carece
de sorpresas y todas las palabras
están gastadas por los dedos sin atributos,
amables de ordinario para el cuerpo que buscan
con recelo, pues el tacto conoce sus fronteras.
Y, sin embargo, nada ha cambiado en sustancia,
sólo que la tristeza nos visita con más frecuencia
y no sé qué decirte que no hayas oído ya
porque nos hemos desnudado juntos
en demasía y en el fondo somos difíciles
y por eso llegamos a querernos,
sabiendo a lo que nos exponíamos.

GEGEN NORDEN

Deja la casa abierta entre los campos
de girasoles porque tu viaje nunca
acaba y así, por todas partes, crecerá
la nostalgia, sin que nadie
regrese.

IV

CEMENTERIO DE ONCALA

Siempre un frío que pela. En cuanto las sacas
del bolsillo, las manos se te enganchan.
Venimos cada año al cementerio.
La puerta está cerrada con unas cuerdas
de paca. Desatamos los nudos.
Mi madre lleva un azadillo y un caldero
con un poquitín de agua para los ramos
de crisantemos y de rosa tardías,
de haberlas. Reza un padrenuestro y se pone
a cavuchar las tumbas, aporca algo de tierra
hasta formar una lomilla, destripa
los pequeños terrones. El frío
es bueno porque es blanco. No conocí
a ninguno de mis abuelos. Hay hierbas
secas, recién cortadas, excepto en las esquinas,
llenas de pasto y cardos. Han sujetado
con alambres las flores de plástico, a las cruces,
a algunas cruces. Faltan letras de los nombres,
las que tienen. Mi madre deposita
muy despacio, con mimo, los ramos
encima de los lomos, como si acostase
a los abuelos con amor.

A veces caen chispas de aguanieve.
Miramos a poniente, a lo alto. Nos vamos.
Mi madre se santigua. El frío es nuestro.

EL DÍA EN QUE MURIÓ mi padre, el mismo casi
en que nací, pletóricos, los almendros
florecían, ajenos de todas a su ser
y al mío. El tiempo está con ellos,
pensaba, y en no adulterar
con las trituras propias su memoria.
La danza de las hojas en el ventanal,
qué silencio las últimas horas
mientras mi padre se moría
en una primavera oscura.
La tarde del entierro traspasaba
el frío, de la sierra bajaban
algarazos, un cierzo homicida, demencial,
como cuando nací, parece ser.
Acobardado el hombro bajo el féretro,
acobardado el brazo con la pala,
ni una palabra dije, ni un réquiem
laudatorio, miraba como un pasmarote
la gloria florecida de los almendros,
el jugueteo al viento de las hojas,
sentenciada la vida, que se impone siempre,
pero de qué manera tan efímera,
condenada, además, a disfrutar,
de su fija derrota, mientras tanto.

UN DÍA, MÁS temprano que tarde, subiré
por esta misma ladera, metido
en una caja, con los pies por delante. Nadie
me verá. No habrá frente al espejo
tampoco nadie, ni un vislumbre forzado,
y lo que fue silencio de horizonte
volverá a su silencio definitivo, de donde
vino. Será nieve cerrada. Y ni siquiera
el estupor, ni la condena. No habrá
nadie, nadie. La tarde se recogerá
en los serbales que plantaron al lado
de la senda, será campana sola
y lejanía, como al aire las alas.
Será nieve cerrada, acaso rezos, y estaré
de pronto rejuvenecido, como cualquier cadáver.
De quienes me acompañen, alguno me tendrá
todavía en el pensamiento. Y, por último,
en el primer silencio del camposanto,
entonces sí, seré del tiempo, nada, tiempo,
sin palabras, reposo y sueño.
Dos fechas, cuando mucho, en su eternidad.
Sobre el tiempo, más tiempo, hasta el olvido,
nadie recordará mi voz, ni mi nombre,
nada, nada de nada. Nada. O acaso quede

el afuera mismo, el trajín, servidumbre
de la especie, el aliento, el sentido único de la vida
donde, inmutable, duraré para siempre.

NOTA DEL AUTOR

El trastorno de consagrar la vida entera a la literatura no sólo afecta al paciente enajenado sino también a cuantos conviven con él. Creo que inconscientemente, a modo de parca compensación, o bien como expiación de mi culpa, han venido, a lo largo de los años y los libros, estas poesías, por lo general hogareñas, de andar por casa, sin ínfulas ni pretensiones sublimes.

No soy partidario, más allá del amor y afecto debidos, que no debieran divulgarse, de exaltar la familia ni de apretar filas a guisa de clan. Muy al contrario, pienso, como Søren Kierkegaard, que hay que juzgar a las personas una a una, con independencia de su origen, linaje, filiación, apegos o compañías. Y no olvido aquel poema lapidario de Roger Wolfe en el que viene a decir sobre los lazos familiares que nada bueno puede esperarse de una conspiración de sangre. Pero, entre otras cosas por lo que señalaba arriba, ensimismado y egocéntrico, a lo mío, imbuido a tiempo completo en lecturas y escritos, sin darme en absoluto a mis allegados, he sido y soy mal hijo, mal hermano, mal padre, mal marido y mal yerno. Estas poesías, si no de coartada ni contrición, me han servido al menos, un poco, de alivio. Por eso, venciendo de nuevo los remordimientos derivados del necesario pudor conculcado, las he recogido aquí.

Fermín Herrero

PROCEDENCIA DE LOS POEMAS

* Vestido de domingo, mi padre subía…, En el corral, uncir las vacas, fría…, La llovienza es bonita, dice, con su media…, de *Húrgura*, Páramo, 2020
* Secretamente…, de *La lengua de las campanas*, Toro de Granito, 2005
* Germinal, Invernadero, Sideral o las huellas, La casa de arena, de *Anagnórisis*, Diputación de Soria, 1995
* De mi niñez, en el ventano del desván…, Entonces pienso que mi infancia son…, El fato de la lumbre no se va…, Como si aún oyeses el crujido, Está apagada la televisión y leo *Pioneros*…, Qué hermosura los lirios del jarrón…, Se acaba de ir la luz y me he puesto…. de *De la letra menuda*, Cálamo, 2009
* En casa de la madre la pérdida…, de *Fuera de encuadre*, Reino de Cordelia, 2017
* Sobre la compañía, Bandas de deslizamiento, Niebla, Interferencia: clausura, Erosión, de *Un lugar habitable*, Hiperión, 2000
* Agradecida como sus geranios, Conjuros, El heredero, de *La sequedad, las nubes*, incluido en *Alrededores*, Fundación Jorge Guillén, 2019
* Imagen del padre, El dilema del podador, Versus Disneylandia, Convivencia y conciencia, Para una mujer que al alba, El desvelado, de *Endechas del consuelo*, Barrio de Maravillas, 2006
* La madre, de *Tempero*, Hiperión, 2011
* Estado de bienestar, Generosidad del austero, de *Tierras altas*, Hiperión 2006

* El retoño, Lo que no dijo el que se fue, de *Microclimas*, Diputación de Soria, 2019

* La casa mira a la montaña, enfrente está…, Qué solas, esta tarde, las acacias, qué tristes…, De qué le vale a un hombre haber arrinconado…, Ni encima ni debajo ya, así…, Al levantarse de la siesta diaria le he dicho…, No te he querido nunca como debiera, te acompaño…, de *La gratitud*, Visor, 2014

* Mnemósine, Deméter, Ítaca, de *Furtivo de los días*, Amargord, 2013

* El que llegaba entonces, traía…, de *Fuera el jardín despojos*, incluido en *Alrededores*, Fundación Jorge Guillén, 2019

* Al encender la chimenea vuelvo…, Te estoy mirando mientras oímos al cuclillo…, Me estás cosiendo el pantalón y así con tantas…, de *En la tierra desolada*, Hiperión, 2021

* Apropiación indebida, Digamos que sucede un pájaro…, La flor de la maranta es de un violeta…, Gegen norden, de *Cordillera*, incluido en *Alrededores*, Fundación Jorge Guillén, 2019

* Zumbel, de *Echarse al monte*, Hiperión, 1997

* Estoy amanecido de tu cuerpo…, Es por lo cálido, por dentro, sobra… , de *Estancia de la plenitud*, Pre-Textos, 2023

* Cementerio de Oncala, de *Sin ir más lejos*, Hiperión, 2016

* El día en que murió mi padre, el mismo casi…, Un día, más temprano que tarde, subiré… son inéditos.

ÍNDICE

Bajando el puerto de Oncala, prólogo de Julio Llamazares   7

I   **13**
Vestido de domingo, mi padre subía…   15
Secretamente…   15
Germinal   16

EN CASA DE LOS PADRES   **19**
De mi niñez, en el ventano del desván…   21
En casa de la madre la pérdida…   22
Invernadero   23
Sobre la compañía   24
Entonces pienso que mi infancia son…   26
El fato de la lumbre no se va…   27
Agradecida como sus geranios   28
Imagen del padre   29
La madre   30
Estado de bienestar   31
Generosidad del austero   32
El retoño   33
La casa mira a la montaña, enfrente está…   34
Como si aún oyeses el crujido…   35
Mnemósine   36

Sideral o las huellas   38

El que llegaba entonces, traía…   39

Qué solas, esta tarde, las acacias, qué tristes…   40

En el corral, uncir las vacas, fría…   41

La casa de arena   42

Deméter   44

Ítaca   46

De qué le vale a un hombre haber arrinconado…   47

Lo que no dijo el que se fue   48

EN CASA PROPIA   **49**

Al encender la chimenea vuelvo…   51

Apropiación indebida   52

Bandas de deslizamiento   53

Niebla   54

Está apagada la televisión y leo *Pioneros*…   55

Zumbel   56

Estoy amanecido de tu cuerpo…   57

Qué hermosura los lirios del jarrón…   58

Digamos que sucede un pájaro…   59

Ni encima ni debajo ya, así…   60

Es por lo cálido, por dentro, sobra…   61

Al levantarse de la siesta diaria le he dicho…   62

La llovienza es bonita, dice, con su media…   63

Conjuros   64

El dilema del podador   65

Versus Disneylandia   66

Te estoy mirando mientras oímos al cuclillo…   67

El heredero   68

Me estás cosiendo el pantalón y así con tantas…   69

La flor de la maranta es de un violeta…   70

Se acaba de ir la luz y me he puesto…   71

Interferencia: clausura   72

Convivencia y conciencia   73

Para una mujer que al alba   74

El desvelado   75

No te he querido nunca como debiera, te acompaño…   76

Erosión   77

Gegen norden   78

IV   **79**

Cementerio de Oncala   81

El día que murió mi padre, el mismo casi…   83

Un día, más temprano que tarde, subiré…   84

Nota del autor   87

Procedencia de los poemas   89